MACPHERSON

MAGAZINE chefs

RECETA MACARRONES CON BACON Y QUESO CREMA

Romualdo Abellán

MM

UN LIBRO MACPHERSON MAGAZINE

https://macphersonmagazineeditorial.com

Título original: Macpherson Magazine Chef's - Receta Macarrones con bacon y queso crema

Receta de: Romualdo Abellán

MACPHERSON MAGAZINE

DISEÑO Macpherson Magazine   DIRECTOR ARTÍSTICO Macpherson Magazine

JEFE EDITORIAL Macpherson Magazine DIRECTOR EDITORIAL Javier Rodríguez Macpherson

CONTROL DE PRODUCCIÓN
Macpherson Magazine

MACPHERSON MAGAZINE

EDITOR ARTÍSTICO Macpherson Magazine
EDITOR EJECUTIVO Macpherson Magazine

Publicado originalmente en España en 2019 y revisado en 2019.
Esta edición: publicada en 2019 por
Macpherson Magazine, Barcelona

www.macphersonmagazineeditorial.com

cocinillas.es

Macarrones con bacon y queso crema. Receta fácil con un toque nuevo.

En lugar de cocinar con nata o al estilo carbonara con bacon y huevo, os proponemos una mezcla muy especial. Estos macarrones con bacon y queso crema son un vicio.

Preparación: 15 min		Cocción: 15 min	
Total: 30 min		Comensales: 4	
Calorías: 457		Tipo de comida: Principal	
Tipo de cocina: Italiana			

Nuestros macarrones con bacon y queso crema se preparan de manera muy similar a la pasta carbonara que ya os trajimos en esta receta. ¿La diferencia? Una "salsa" especial con queso crema y pistachos para darle un toque fresco.

<u>Ingredientes</u>

- Macarrones, 400 g
- Queso crema, 300 g
- Bacon adobado, 300 g
- Pistachos (pelados), 100 g
- Queso en polvo (Pecorino, Grana Padano, Parmesano...), 50 g
- Vino blanco, 100 ml
- Dientes de ajo, 4

01: Preparar la mezcla de quesos con pistachos

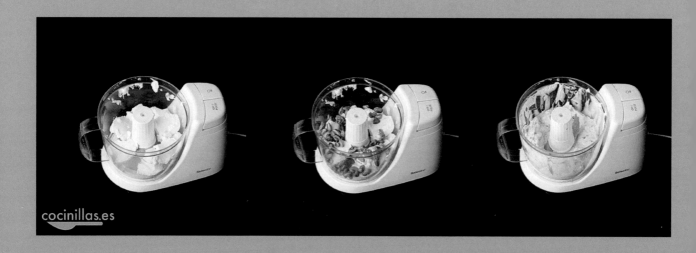

En una picadora o batidora, agregamos 300 g de queso crema. Añadimos 100 g de pistachos y picamos hasta conseguir una crema consistente. Reservamos.

También podemos batir el queso crema manualmente, con ayuda de unas varillas. En este caso, tendríamos que trocear los pistachos aparte y mezclarlo todo al final.

02: Cocer los macarrones

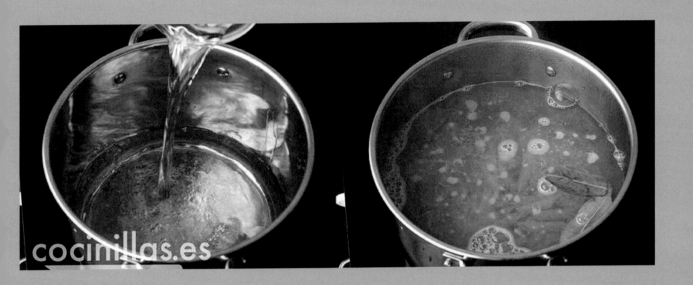

Vertemos 2,5 litros de agua en una olla. La llevamos a ebullición con una hoja de laurel. Cuando rompa a hervir y burbujee, agregamos los 400 g de macarrones. Añadimos una pizca de sal. Tapamos y cocemos la pasta según fabricante, entre 12 y 16 minutos.

03: Sofreír el bacon

En una sartén o cacerola grande, vertemos un chorrito de aceite de oliva. No os paséis, pues el bacon ya segrega abundante grasa. Calentamos el aceite a potencia o fuego medio.

Cuando coja temperatura, agregamos los 4 dientes de ajo picados. Sofreímos hasta tostar. Añadimos los 300 g de bacon adobado. Sofreímos hasta tostar. Agregamos los 100 ml de vino blanco.

Rascamos el fondo con una espátula para levantar los posos del ajo y el bacon. Bajamos a potencia o fuego mínimo hasta que los macarrones estén cocidos y el alcohol del vino se evapore.

04: Añadir macarrones y mezcla de quesos

Escurrimos los macarrones, pero todavía no tiramos el agua donde se han cocido. Volcamos los 400 g de macarrones sobre la sartén con el bacon y el ajo. Removemos bien y regamos con unos 50 ml del agua que hemos usado para la cocción. Salpimentamos y removemos.

Retomamos la mezcla de queso crema con pistachos y la añadimos. Integramos todo bien a fuego o potencia mínima. Una vez quede todo integrado, servimos.

05: Servir

Podemos espolvorear perejil o albahaca por encima. A continuación, añadimos nuestro queso favorito y añadimos más pimienta si lo consideramos oportuno. Los macarrones con bacon y queso crema están listos para comer.

Resultado

La pasta siempre es socorrida. Es el sota, caballo, rey de las cocciones y la puede preparar cualquier aficionado a la cocina sin la menor dificultad. Además, admite todo tipo de salsas y combinaciones, desde las más conservadoras a los experimentos más inquietantes.

Para la receta de hoy, queríamos probar con algo un poco distinto, sin que tuviese que añadirle complejidad innecesaria a un plato de macarrones de los de siempre.

Al final, la pereza de lo retorcidamente sofisticado nos supera en la rutina de todos los días, y en Cocinillas preferimos hacer cosas accesibles para todo el mundo y, a poder ser, con la variable de disponer de poco tiempo para cocinar.

El resultado son estos macarrones jugosos. No hemos terminado de probarlos que ya tenemos ganas de que vosotros los probéis y nos podáis proponer alternativas con los ingredientes.

La primera reflexión gastrofilosófica es que está claro que se puede —¡y debe!— ampliar la variedad de quesos al picar/batir la crema de queso. Infinitas combinaciones.

Otra opción de atractivo paso es añadirle champiñones o setas muy picadas a la base con el bacon y los dientes de ajo.

Por último, en la parte del emplatado, en lugar de cubrir con perejil fresco o albahaca recién picada, pensamos en que puede ser una tremenda idea emplear tomate seco.

Previamente hidratado en aceite aromatizado. Fileteado en trozos muy pequeños. Espolvoreado por encima de los macarrones para contrastar con la grasa del bacon y el dulzor de la crema de queso. ¿Qué os parece?

La Editorial Macpherson Magazine trae un nuevo libro, pero esta vez un libro de recetas o guía. Para poder hacer Macarrones con bacon y queso crema, se mostrara paso a paso y con fotografías. Macpherson Magazine a partir de ahora, lanzará un libro de recetas de cada comida.

Lightning Source UK Ltd.
Milton Keynes UK
UKRC020919081019
351188UK00009B/127

* 9 7 8 0 4 6 4 1 6 5 2 4 8 *